Brigitte Goßmann
Lichte Zeit
Meditationen & Gebete
zu den Lesungen im Advent 2021

Brigitte Goßmann

Lichte Zeit

Meditationen & Gebete zu
den Lesungen im Advent 2021

benno

Bibliografische Information der Deutschen Nationalbibliothek
Die Deutsche Nationalbibliothek verzeichnet diese Publikation in der Deutschen Nationalbibliografie; detaillierte bibliografische Informationen sind im Internet über http://dnb.d-nb.de abrufbar.

ISBN 978-3-7462-6051-8

Umschlaggestaltung: Ulrike Vetter, Leipzig
Gesamtherstellung: Kontext, Dresden (A)

Inhalt

28

1. Adventssonntag

Warten ist wie ein Zeitgutschein für eine Meditation oder ein Gebet.
Brigitte Goßmann

Liturgische Lesungen vom Tag

Jer 33,14–16 / 1 Thess 3,12 – 4,2 / Lk 21,25–28.34–36

Aus der Tageslesung

Siehe, Tage kommen – Spruch des HERRN –, da erfülle ich das Heilswort, das ich über das Haus Israel und über das Haus Juda gesprochen habe. In jenen Tagen und zu jener Zeit werde ich für David einen gerechten Spross aufsprießen lassen. Er wird Recht und Gerechtigkeit wirken im Land. In jenen Tagen wird Juda gerettet werden, Jerusalem kann in Sicherheit wohnen. Man wird ihm den Namen geben: Der HERR ist unsere Gerechtigkeit. Jer 33,14–16

„Wir warten – wir erwarten"

Es geht um Sehnsucht, Gelassenheit, um Anspannung. Warten kann viele Facetten in sich tragen. Mit unseren Sinnen stellen wir uns auf das Warten ein. Wann wird die Ampel grün, wann klingelt der Wecker, wann berührt mich der Wassertropfen, wann verliere ich die Traurigkeit, wann ereilt mich ein Gefühl von

Glück. Ich er-warte mein Leben. Manche Menschen warten ein Leben lang darauf, dass ein herausragendes Ereignis ihr Leben neu auffrischt, dass ihnen das Glück begegnet, dass sie endlich zufrieden sein können. Auf was warten wir in dieser adventlichen Atmosphäre von Gemütlichkeit und Wärme? Der Advent möchte in uns die Sehnsucht wecken, die in jedem Christen, in jedem Menschen brennt, dass wir ein erfülltes Leben führen mögen. Kein abgefülltes Leben mit Konsum, mit Dauerablenkung in Medien und Freizeitangeboten, die mit unseren Sinnen spielen. Adventlich Wartende ersehnen ein Leben, in dem spürbar wird, dass ein gerechter Spross aufsprießt, alle meine Sinne berührt und neu in mein Herz dringt.

Liedimpuls

„Die Nacht ist vorgedrungen" (GL 220,1)

Gebet für den Tag

Schenke mir, Herr, in meinem alltäglichen Tun und Warten Geduld und Gelassenheit, damit ich die Chance habe, dich in meinem Leben wieder neu zu entdecken.

29

Montag der 1. Adventwoche

*Gott geht dann in das Haus ein,
wenn die Seele nicht nur in seiner Liebe
meditiert, sondern Tag und Nacht
auch darin arbeitet.*

Birgitta von Schweden

Liturgische Lesungen vom Tag
Jes 2,1–5 / Mt 8,5–11

Aus der Tageslesung
Am Ende der Tage wird es geschehen: Der Berg des Hauses des HERRN steht fest gegründet als höchster der Berge; er überragt alle Hügel. Zu ihm strömen alle Nationen. Er unterweise uns in seinen Wegen, auf seinen Pfaden wollen wir gehen. Sie erheben nicht das Schwert, Nation gegen Nation, und sie erlernen nicht mehr den Krieg. Haus Jakob, auf, wir wollen gehen im Licht des HERRN. Jes 2,2.3b.4b–5

„Möglichkeitsmenschen"

Es tut gut, sich eine andere friedliche Wirklichkeit auszumalen. Das Mögliche durchzuspielen, sich inspirieren zu lassen. Die Welt braucht Menschen, die einen Möglichkeitssinn haben, die mehr sehen, weiter und tiefer blicken. Menschen, die sehen, was

möglich sein könnte; die erinnern an den guten Anfang, als Gott sagte: Siehe, alles ist gut. Dieser Blick ist auch ein Blick auf das Morgen.
Möglichkeitsmenschen, die nicht nur das Hier und Jetzt sehen, sondern auch die Zeit, die am Ende aller Zeiten kommen wird. Dann werden wir unendlich sein. Möglichkeitsmenschen glauben, dass bei Gott Unvorstellbares möglich ist. Diesen Blick hatten die Propheten. Sie haben gesehen, was kommen wird, hatten Träume und Visionen. Sie haben großartige Bilder beschrieben, die Menschen seit Jahrtausenden zu Suchenden und Sehnenden machen.
Schwerter zu Pflugscharen, das ist möglich. Jesaja malt uns ein Friedensbild. Das könnte nach Vertröstung, nach Flucht aus der Wirklichkeit klingen. Doch Jesaja beendet sein Bild ganz praktisch mit einer Aufforderung: „... wir wollen gehen im Licht des HERRN" (Jes 2,5).

Liedimpuls

„Macht hoch die Tür, die Tor macht weit"
(GL Nr. 218,1)

Gebet für den Tag

Herr, lass mich mit deinen Augen die Welt betrachten und den Frieden, der in ihr schlummert, entdecken und leben. Denn so wird die Adventszeit eine Zeit, die Frieden einübt.

30

Hl. Apostel Andreas

Das Wort Gottes gleicht einer Fischerangel, die dann ergreift, wenn sie ergriffen wird.
Augustinus

Liturgische Lesungen vom Tag
Röm 10,9–18 / Mt 4,18–20

Aus dem Tagesevangelium
Als Jesus am See von Galiläa entlangging, sah er zwei Brüder, Simon, genannt Petrus, und seinen Bruder Andreas; sie warfen gerade ihr Netz in den See, denn sie waren Fischer. Da sagte er zu ihnen: Kommt her, mir nach! Ich werde euch zu Menschenfischern machen. Sofort ließen sie ihre Netze liegen und folgten ihm nach. Mt 4,18–20

Kommt her, mir nach!

Jesus sprach die jungen Männer an und berief sie zu Menschenfischern. Sie ließen alles stehen und liegen und folgten Jesus. Warum taten sie das? Waren sie bewegt von der Sehnsucht, dass es noch etwas anderes gibt? Jesus spricht die Männer an, er schaut sie an und sie sahen ihm ins Gesicht. Vielleicht ging in diesem Moment auch die Sonne auf? Wäre ich bereit,

mich rufen zu lassen? Jesus nachzufolgen und mich auf einen neuen Weg zu begeben? Was könnte sich in meinem Leben verändern? Die Männer jedenfalls waren voller Vertrauen. Ein Wort von Jesus und sie befreiten sich von den Zwängen des Alltags. „Kommt her, mir nach." Jesu Aufforderung klingt wie ein Plädoyer für die Freiheit. Paulus schreibt im Brief an die Römer: „Wie soll aber jemand verkünden, wenn er nicht gesandt ist? Wie geschrieben steht: Wie willkommen sind die Füße der Freudenboten, die Gutes verkünden!" (Röm 10,15).
Jesus hat vorgelebt, wie wir zu Menschenfischern werden: Mit dem Herzen sehen; sich für ein menschlich lohnendes Ziel entscheiden. Mit ihm unterwegs sich für die Liebe, für Menschlichkeit einsetzen, das ist der neue Weg. Jesus möchte uns locken, die eigenen Möglichkeiten zu entdecken und zu entfalten. Lebe dich selbst!

Liedimpuls
„O Heiland, reiß die Himmel auf" (GL Nr. 231,1)

Gebet für den Tag
Mir ist nicht immer bewusst, welches Ziel ich verfolge, welche Aufgabe du für mich bereithältst. Ich kann ich sein, wenn du mit mir bist. Schenke mir einen klaren Blick für ein Leben mit dir.

Mittwoch der 1. Adventwoche

Jesus selbst sättigt und stärkt mich auf dem Weg durch den Advent.

Brigitte Goßmann

Liturgische Lesungen vom Tag

Jes 25,6–10a / Mt 15,29–37

Aus dem Tagesevangelium

Jesus sagte zu ihnen: Wie viele Brote habt ihr? Sie antworteten: Sieben – und ein paar Fische. Da forderte er die Leute auf, sich auf den Boden zu setzen. Und er nahm die sieben Brote und die Fische, sprach das Dankgebet, brach sie und gab sie den Jüngern und die Jünger gaben sie den Menschen. Und alle aßen und wurden satt. Und sie sammelten die übrig gebliebenen Stücke ein, sieben Körbe voll. Mt 15,34–37

Die Speisung der Viertausend

Die meisten Menschen in unserer westlichen Welt haben täglich genug zu essen. Bis ich sage: „Ich bin satt", dauert es seine Zeit. Erst wenn der Kopf verstanden hat, dass dem Körper genug Nahrung zu Verfügung steht, spüren wir eine Sattheit. Satt sein kann auch bedeuten: Ich habe genug von diesem oder jenem oder ich genüge mir selbst. Satt sein ist ein gutes Gefühl. Die Welt schreit oft nach Speisung, nach Frieden, Gerechtigkeit, Bewahrung der Schöpfung, Liebe, Trost, Zuwendung. Sie hat tiefe Sehnsuchtshunger nach wahrem Leben. Im heutigen Evangelium ist in der Einleitung von Lahmen, Blinden, Stummen, Krüppeln die Rede. Es geht um Menschen, die keine Hoffnung haben, deren Hoffnung begraben scheint. Jesus macht sie alle gesund. Er erkennt die Not der Menschen. Für Jesus steht Brot für alles, was der Mensch zum heilen Leben braucht, benötigt. Dazu gehören zum Beispiel Zuwendung, Achtung, Respekt, Würde, Beziehungen, Begegnungen, Liebe. Das, was jeder Mensch in sich als Sehnsucht mal mehr, mal weniger spürt.

Liedimpuls

„O Herr, wenn du kommst" (GL Nr. 233,4)

Gebet für den Tag

Guter Gott, dein Sohn hat Mitleid verspürt und erkannte den Lebenshunger der Menschen, die zu ihm kamen. Schenke auch uns das Brot, das wir zum Leben brauchen.

2 Donnerstag der 1. Adventwoche

*Beim Beten öffnet sich das Herz;
so kann alles Unwahre entweichen
und das göttliche Licht erstrahlen.*
Brigitte Goßmann

Liturgische Lesungen vom Tag
Jes 26,1–6 / Mt 7,21.24–27

Aus dem Tagesevangelium
Nicht jeder, der zu mir sagt: Herr! Herr!, wird in das Himmelreich kommen, sondern wer den Willen meines Vaters im Himmel tut.
Jeder, der diese meine Worte hört und danach handelt, ist wie ein kluger Mann, der sein Haus auf Fels baute. Mt 7,21.24

Vom Erfüllen des Willens des Vaters

Jesus möchte an dieser Stelle des Evangeliums unseren Blick und unsere Achtsamkeit schärfen. Wie oft haben wir schon erlebt, dass das gehörte Wort, ein Versprechen oder eine feierliche Beteuerung nichts anders waren als leere Worte bzw. falsche Wegweiser. In Politik, Gesellschaft, in den Medien scheint es fast normal zu sein, andere Menschen zu blenden und ihnen etwas zu erzählen, was nicht stimmt. Ihre Worte haben nur ein Ziel, den eigenen Vorteil auszubauen; um Profit zu schlagen. Geld, Ansehen, Macht verkleidet in gläubige, fromme Worte; doch ohne jeglichen Wert. Wer Gott sagt, muss es auch so meinen, muss sich selber mit hineinnehmen in das Gebet. Wer das eigene Ansehen, den persönlichen Profit vor Augen hat, betet nicht aus tiefstem Herzen. Wer betet, hat Gott, hat Jesus im Blick; wer betet, ist offen und weitherzig. Wer also „Herr! Herr!" sagt, sollte IHN auch im tiefen Inneren meinen. Denn nicht schöne Worte sind Kennzeichen für ein Gebet, sondern Wahrhaftigkeit, das Einssein von Herz und Verstand.

Liedimpuls

„Mein ganzes Herz erhebet dich" (GL Nr. 143,1)

Gebet für den Tag

Herr, lass mich achtsam werden, denn ich weiß: Worte werden zu Handlungen, Handlungen zu Gewohnheiten, Gewohnheiten prägen den Charakter und der Charakter wird eines Tages mein Schicksal.

Nach dem Talmud

3

Freitag der 1. Adventwoche

*Je länger ein Blinder lebt,
desto mehr sieht er.*
Jüdisches Sprichwort

Liturgische Lesungen vom Tag
Jes 29,17–24 / Mt 9,27–31

Aus dem Tagesevangelium

Als Jesus weiterging, folgten ihm zwei Blinde und schrien: Hab Erbarmen mit uns, Sohn Davids! Nachdem er ins Haus gegangen war, kamen die Blinden zu ihm. Und Jesus sagte zu ihnen: Glaubt ihr, dass ich dies tun kann? Sie antworteten: Ja, Herr. Darauf berührte er ihre Augen und sagte: Wie ihr geglaubt habt, so soll euch geschehen. Mt 9,27–29a

Sich trauen

Im alten Orient war eine Erblindung nichts Außergewöhnliches. Die hygienischen und klimatischen Verhältnisse begünstigten nicht behandelbare Augenerkrankungen. Wer blind war, lernte schnell, dass er, um zu überleben, auf andere angewiesen war. Der Prophet Jesaja (29,18) schreibt hoffnungsvoll: „Die Tauben werden an jenem Tag die Worte des Buches hören und aus Dunkel und Finsternis werden die Augen der Blinden sehen." Es geht Jesus nicht um eine vordergründige Wundergeschichte über eine oder mehrere Blindenheilungen. Es geht hier nicht um naturwissenschaftliche Lösungen für Augenleiden. Jesus macht auf Heilszeichen Gottes aufmerksam, die auch wir erkennen können, wenn wir unser inneres Auge öffnen. Die Blindheit des Paulus vor Damaskus (Apg 9,9) beschreibt die noch Unfähigkeit des Paulus, in Jesu Leben und Sterben Heil zu erkennen. Jesus meint: Blinde können sehen lernen, sie können sich trauen, laut in die Welt hineinzuschreien. Denn das Schreien zeigt Mut; Mut, den wir brauchen, Gottes Heil in der Nachfolge Jesu in dieser Zeit zu bezeugen.

Liedimpuls

„Gott, heiliger Schöpfer" (GL Nr. 230,1.5)

Gebet für den Tag

Herr, bei dir bin ich sicher; wenn du mich hältst, habe ich nichts zu fürchten. Ich weiß wenig von der Zukunft, aber ich vertraue auf dich. Gib, was gut ist für mich. Nimm, was mir schaden kann. Wenn Sorgen und Leid kommen, hilf mir, sie zu tragen. Lass mich dich erkennen, an dich glauben und dir dienen.

John Henry Newman

4

Samstag der 1. Adventwoche

Jede Art der Berufung ist bedeutsam und nötig, damit das Gewissen gewiss sei.
Martin Luther

Liturgische Lesungen vom Tag
Jes 30,19–21.23–26 / Mt 9,35 – 10,1.6–8

Aus der Tageslesung
Ja, du Volk auf dem Zion, das in Jerusalem wohnt, ganz sicher wirst du nicht mehr weinen. Ganz sicher wird er dir gnädig sein auf die Stimme deines Hilfegeschreis hin; sobald er es hört, antwortet er dir.
Jes 30,19

Hotline

Gott bietet uns an, dass wir ihn fragen sollen, wenn wir glauben, Hilfe zu benötigen. Durch seinen Propheten Jesaja lässt er ausrichten: „Ganz sicher wird er dir gnädig sein auf die Stimme deines Hilfegeschreis hin."
Wenn ich eine Hotline anrufe, also irgendeinen Service-Dienst, empfängt mich meistens eine freundliche, digitalisierte Stimme, die mir viele Möglichkeiten eröffnet, auf die ich dann mit den Tasten 1, 2, 3, 4 oder weiter reagieren soll. Danach höre ich oft lange

Musikstücke, unterbrochen von der Meldung: „Bitte legen Sie nicht auf. Sie werden mit dem nächsten freien Mitarbeiter verbunden." Und wenn ich Glück habe, bekomme ich eine helfende Antwort. Anders ist dies bei der Hotline Gottes. Jesaja gibt das Garantieversprechen Gottes: „Ganz sicher wird er dir gnädig sein auf die Stimme deines Hilfegeschreis hin." Warum macht Gott solche Zusagen? Ist es nicht selbstverständlich, dass Gott sich um uns kümmert und unsere Gebete erhört? Scheinbar nicht; zumindest nicht für uns Menschen; für Gott schon. Gottes liebevolle Zuwendung ist seit der Schöpfung und durch die ganze Geschichte hindurch immer wieder zu sehen. Die Liebe gehört zu seinem Wesen. So können wir uns an den wenden, dessen Liebe alles möglich macht: „Ganz sicher wird er dir gnädig sein auf die Stimme deines Hilfegeschreis hin."

Liedimpuls

„Stimme, die Stein zerbricht" (GL Nr. 417)

Gebet für den Tag

Beim Arbeiten, beim Gespräch, beim Sport, beim Lesen, beim Alleinsein, beim Lieben, du bist immer an meiner Seite und hörst mein Rufen. Lass mich in jeder Lebenssituation spüren, dass du mich er-hörst.

5

2. Adventssonntag

Die Taufe soll dein Lebensmotto sein.

Brigitte Goßmann

Liturgische Lesungen vom Tag
Bar 5,1–9 / Phil 1,4–6.8–11 / Lk 3,1–6

Aus dem Tagesevangelium
Da erging in der Wüste das Wort Gottes an Johannes, den Sohn des Zacharias.
Und er zog in die Gegend am Jordan und verkündete dort überall die Taufe der Umkehr zur Vergebung der Sünden, wie im Buch der Reden des Propheten Jesaja geschrieben steht: Stimme eines Rufers in der Wüste: Bereitet den Weg des Herrn! Lk 3,2b–4a

Bereitet dem Herrn den Weg

Was hat Jesus bewogen, sich taufen zu lassen? Warum hat Jesus diesen Ritus übernommen, der bis heute ein typisches Kennzeichen der Christen ist? Was bedeutet uns die Taufe?
Am Anfang seiner öffentlichen Tätigkeit setzt Jesus ein Zeichen. Er zeigt uns am Jordan, was der Sinn seines neuen Weges im Wesentlichen ist. Er geht zu den Menschen, er will mit ihnen sein. Er reiht sich ein in die Schar der Sünder. Er will einer von uns sein.

Er nimmt den Gang der Sünder auf sich und trägt ihre Schwächen mit bis in den Jordan, um sie dort bereits schon abzuwaschen. Er verachtet die Menschen nicht, unter die er sich eingereiht hat.
Gott bestätigt später den Weg Jesu. In Gestalt einer Taube zeigt Gott, dass sein Geist auf Jesus liegt. Und bekräftigt wörtlich: „Dies ist mein geliebter Sohn." Der Weg Jesu, den Gott beglaubigt, geht nach unten, zu uns Menschen. Er führt bis in die Tiefe des Wassers, bis in die Abgründe der Sünde, um gereinigt für die Menschheit aus dem Bad aufzutauchen.
Jesus ist mit uns hinabgestiegen, um uns aus unseren Altlasten und Sünden herauszuholen. Gott wirkt in unser Leben hinein.

Liedimpuls
„Ich bin getauft und Gott geweiht" (GL Nr. 491)

Gebet für den Tag
Mein Herr und mein Gott, nimm alles von mir,
was mich hindert zu dir.
Mein Herr und mein Gott, gib alles mir,
was mich führet zu dir.
Mein Herr und mein Gott, o nimm mich mir
und gib mich ganz zu eigen dir.
Nikolaus von Flüe

6

Montag der 2. Adventwoche

Für den Christen ist es ein Wink zum Glauben, wenn ihm etwas Unglaubliches vorkommt.

Michel de Montaigne

Liturgische Lesungen vom Tag
Jes 35,1–10 / Lk 5,17–26

Aus der Tageslesung
Jubeln werden die Wüste und das trockene Land, jauchzen wird die Steppe und blühen wie die Lilie. Er selbst kommt und wird euch retten. Dann werden die Augen der Blinden aufgetan und die Ohren der Tauben werden geöffnet. Dann springt der Lahme wie ein Hirsch und die Zunge des Stummen frohlockt, denn in der Wüste sind Wasser hervorgebrochen und Flüsse in der Steppe. Ewige Freude ist auf ihren Häuptern, Jubel und Freude stellen sich ein, Kummer und Seufzen entfliehen. Jes 35,1.4b–6.10b

Gott kommt

Eine Wüste, die frohlockt, eine Steppe, die jubelt; das überschreitet alles, was wir uns vorstellen können. Jesaja sagt: „Gott kommt." Die ganze Schöpfung wird dabei sein.

Jesaja weist sein Volk darauf hin, dass Gott kommen wird. Müde, wie ihr seid, dürft ihr auf ihn hoffen. Und wir dürfen auch hoffen und die Adventszeit nutzen, diese Hoffnung auf das Kommen Gottes zu leben. Advent zu gestalten.
Jesaja meint auch: Es geht zuerst um die Armen. Es geht zuerst um die, die müde sind. Um die, die blind und taub und auf die Barmherzigkeit ihrer Mitmenschen angewiesen sind; um die Stummen, die eben nicht für sich selbst reden können.
So holt Jesaja den Advent heraus aus den Wohnzimmern und lädt dazu ein, dorthin zu blicken, wo nicht alles heil ist, es nicht so gut aussieht und vielleicht auch noch schlecht riecht. Denn dorthin wird Gott sich hineingebären lassen von Maria, in einen Stall.
Das heißt Advent: Gott kommt mit seiner Gerechtigkeit. Gott erlöst sein Volk, seine Menschen. Gott kommt mit göttlicher Macht.

Liedimpuls
„Tochter Zion, freue dich“ (GL Nr. 228,1)

Gebet für den Tag
Alle Verletzungen, Kränkungen, Schwächen und mein Versagen darf ich in deine Hände legen. Du kannst mich heilen und mein Herz wieder lebendig machen. Ich bin bereit, mich von dir an Körper, Seele und Geist heilen zu lassen.

7 Dienstag der 2. Adventwoche

Sorge, aber sorge nicht zu viel,
es geht doch alles, wie Gott es will.
Julius Wilhelm Zincgref

Liturgische Lesungen vom Tag
Jes 40,1–11 / Mt 18,12–14

Aus dem Tagesevangelium
Was meint ihr? Wenn jemand hundert Schafe hat und eines von ihnen sich verirrt, lässt er dann nicht die neunundneunzig auf den Bergen zurück, geht hin und sucht das verirrte? Und wenn er es findet – Amen, ich sage euch: Er freut sich über dieses eine mehr als über die neunundneunzig, die sich nicht verirrt haben. So will auch euer himmlischer Vater nicht, dass einer von diesen Kleinen verloren geht.
Mt 18,12–14

Gott sorgt sich um dich

In der Vorweihnachtszeit gibt es viel zu tun. Vielleicht machen wir uns Sorgen darum, alles pünktlich zum Weihnachtsfest erledigt zu haben. Wir sorgen uns um die Gesundheit, nicht nur um unsere, sondern auch um die aller Menschen, denn wir haben schmerzlich erfahren, dass wir als Menschheit eine große Verantwortung allem Leben gegenüber tragen. Sorgen gibt es ungezählte auf der Welt. Mit dem Gleichnis vom verlorenen Schaf vermittelt Jesus, dass nichts und niemand verloren geht. Gott sorgt sich, Gott freut sich, wenn er uns findet, Gott zeigt großen Einsatz, damit wir nicht verloren bleiben. Die Suche Gottes nach dem Verlorenen ist im Leben Jesu Wirklichkeit geworden. Das lateinische Wort für Zukunft „futurum" meint die Zukunft, die wir selber planen und gestalten. Der lateinische Begriff „adventus" (Advent) bezeichnet die Zukunft, die auf uns zukommt. Zwei Erklärungen für ein Wort. Zukunft! Gott kommt auf mich zu als Kind in der Krippe, als Erlöser, als Retter, als Hirte, als Gekreuzigter und Auferstandener. Mit ihm bekommt der Mensch Zukunft.

Liedimpuls

„Das Schiff geht still im Triebe" (GL Nr. 236,2.3)

Gebet für den Tag

Du, Herr, sorgst dich um mich, du suchst mich, wenn ich mich verirre, du trägst mich, wenn mir der Weg zu schwer wird, du gibst mich niemals auf. Durch dich kann ich mein Leben annehmen und im Vertrauen auf dich und deine Liebe gestalten.

8 Unbefleckte Empfängnis Mariens

Bei Gott allein wird ruhig meine Seele, von ihm kommt mir Rettung.
Psalm 62,2

Liturgische Lesungen vom Tag
Gen 3,9–15.20 / Eph 1,3–6.11–12 / Lk 1,26–38

Aus dem Tagesevangelium
Da sagte der Engel zu ihr: Fürchte dich nicht, Maria; denn du hast bei Gott Gnade gefunden. Siehe, du wirst schwanger werden und einen Sohn wirst du gebären; dem sollst du den Namen Jesus geben.
Siehe, auch Elisabet, deine Verwandte, hat noch in ihrem Alter einen Sohn empfangen; obwohl sie als unfruchtbar gilt, ist sie schon im sechsten Monat.
Lk 1,30–31.36

Wie soll ...

Wie, möchte Maria wissen. Nicht wie kann, sondern wie soll das geschehen. Sie stellt eine Frage, die von Vertrauen durchleuchtet ist. Sie weiß, dass für Gott nichts unmöglich ist. Aber sie möchte einbezogen werden. Der Engel verbindet Himmel und Erde in seiner Antwort. Initiative, bei der das „Wie“ sein himmlisches Geheimnis behält und die menschliche Wirklichkeit mit sichtbarem Beweis untermauert wird: Elisabets Schwangerschaft. Die Verkündigung ist ein Höhepunkt in der Geschichte Gottes mit den Menschen. Was im Paradies mit Adam und Eva hoffnungsvoll angefangen hatte, endete durch menschliches Versagen mit der Vertreibung aus dem Paradies. Damals hat Gott einen Ausweg angekündigt (Gen 3,15). Es hat eine lange Zeit gebraucht, bis Gott einen Menschen für seinen Plan auserkoren hat, Maria. Mit ihr konnte die Geschichte Gottes mit uns Menschen eine Wende nehmen. Heute werden wir an dieses Ereignis erinnert. Gott und Mensch finden zusammen; ein neues Kapitel der Geschichte kann geschrieben werden. Maria ist unsere Schwester im Glauben an Gott, der die Hoffnung „Mensch" nicht aufgibt.

Liedimpuls

„Maria durch ein Dornwald ging" (GL Nr. 224,1)

Gebet für den Tag

Maria, Himmelskönigin, der Engel hohe Herrscherin, o Wurzel, der das Heil entsprießt, du Tor des Lichtes, sei gegrüßt. Freu dich, du bist an Ehren reich, dir ist an Gnaden keine gleich. Ach bitt für uns an Gottes Thron bei Jesus deinem lieben Sohn.

Lobgesang aus dem 2. Jh.

9 Donnerstag der 2. Adventwoche

Auch unerkannt bleibt Gottes Heil immer gegenwärtig.
Brigitte Goßmann

Liturgische Lesungen vom Tag
Jes 41,13–20 / Mt 11,7b.11–15

Aus der Tageslesung
Denn ich bin der HERR, dein Gott, der deine rechte Hand ergreift und der zu dir sagt: Fürchte dich nicht, ich habe dir geholfen. Fürchte dich nicht, du armer Wurm Jakob, du kleines Israel! Ich habe dir geholfen – Spruch des HERRN. Und dein Erlöser ist der Heilige Israels. Du aber jubelst über den HERRN, du rühmst dich des Heiligen Israels. Jes 41,13–14.16b

Ich bin bei dir

Gott sagt: Ich bin bei dir. Dies ist die Botschaft Jesajas auch an uns. Gott ist dir nahe, auch wenn du es nicht glauben kannst, auch wenn du es nicht fühlen kannst, auch wenn du zweifelst. Ist es nicht herrlich, wenn jemand, dem du vertrauen kannst, sagt: Ich bin bei dir? Wer das Gefühl kennt, nicht alleingelassen zu sein mit Fragen, Sorgen und Zweifeln, kann Jesaja im Ansatz verstehen. Unser aller Leben hat sich und uns während der Pandemie verändert. Alleinlebende wurden in ihren Alltäglichkeiten gezwungen, alleine zu sein. Freundschaften, Beziehungen wurden jäh auf die Probe gestellt. Verunsicherung verändert alles und vor allem uns selbst. Gott wird heute oft belächelt als Trostpflaster für Schwache, die den Härten des Lebens nicht gewachsen sind und Angst vor dem Tod haben. Gott lädt dich ein, die Verbindung, die du zu ihm eingegangen bist, zu halten, in Beziehung mit ihm zu bleiben. Dann kann der persönliche Glaube wachsen – stärker als die Umstände, die uns immer wieder verunsichern. Gott sagt: „Hab keine Angst, ich bin bei dir."

Liedimpuls

„Noch manche Nacht wird fallen" (GL Nr. 220,4)

Gebet für den Tag

Guter Gott, du nimmst mich an, wie ich bin. Mit meinen Schwächen, mit meinen Unzulänglichkeiten, mit meiner Ungeduld und meiner Ungerechtigkeit. Du bringst mir immer wieder Heil und bist bei mir. Lass es mich erkennen und danach handeln.

10

Freitag der 2. Adventwoche

So wie ich bin, so darf ich sein.
Brigitte Goßmann

Liturgische Lesungen vom Tag
Jes 48,17–19 / Mt 11,16–19

Aus dem Tagesevangelium
Mit wem soll ich diese Generation vergleichen? Denn Johannes ist gekommen, er isst nicht und trinkt nicht und sie sagen: Er hat einen Dämon. Der Menschensohn ist gekommen, er isst und trinkt und sie sagen: Siehe, ein Fresser und Säufer, ein Freund der Zöllner und Sünder! Und doch hat die Weisheit durch ihre Taten Recht bekommen. Mt 11,16a.18–19

Unmöglich – unglaublich – verrückt

Erstaunlich, wie Menschen der biblischen Zeit im Matthäusevangelium dargestellt werden. Da kommt Johannes der Täufer, der asketisch lebt, weil er es für sich so als richtig empfindet; und die Menschen ziehen über ihn her. Ein Dämon soll ihn wohl vom normalen gesellschaftlichen Leben abhalten. Ja, und dann kommt Jesus, ein völlig anderer Typ mit völlig anderen Vorstellungen von Gott, ein Mann, der fröhlich feiert und das Leben sichtbar bejaht. Ihn nennt man Fresser und Säufer, der sich mit Zöllnern und Sündern umgibt. Welch eine peinliche Figur, so könnten die gesellschaftlich „Normalen“ ihn bezeichnet haben. Man kann es niemandem recht machen. Heute ist das nicht anders. Urteilen über dieses und jenes ist normal und wer sich nicht anpasst an Normen, der ist nicht normal. Eine durchaus bedenkenswerte Erkenntnis. Der Mensch ist Mensch. Wer in sich hineinspürt, kann Gott eine Chance geben, unsere eigene Vorstellung von „normalem Menschen“ zu prüfen. Gott macht Unmögliches möglich, Unglaubliches glaubhaft, Verrücktes normal. Geben wir ihm die Chance, mit uns an unserer Toleranz zu arbeiten.

Liedimpuls

„Komm, du Heiland aller Welt“ (GL Nr. 227,1.2)

Gebet für den Tag

Du, Herr, willst, dass ich jetzt lebe. Das Gestern kann ich nicht mehr ändern. Das Morgen liegt vor mir wie eine Nebelwand. Ich möchte lernen loszulassen, was war, was ist und auch was kommt. Denn du bereitest mir den Weg und begleitest mich.

11 Samstag der 2. Adventwoche

Du und ich, wir sind eins.
Ich kann dich nicht ignorieren,
ohne mir selber wehzutun.
Brigitte Goßmann

Liturgische Lesungen vom Tag
Sir 48,1–4.9–11 / Mt 17,9a.10–13

Aus dem Tagesevangelium
Während Jesus und seine Jünger den Berg hinabstiegen, fragten ihn die Jünger: Warum sagen denn die Schriftgelehrten, zuerst müsse Elija kommen? Er gab zur Antwort: Ja, Elija kommt und er wird alles wiederherstellen. Ich sage euch aber: Elija ist schon gekommen. Mt 17,9a.10–12a

„Wer bist du?"
Täglich begegnen uns unzählige Menschen. Fremde, Freunden, Verwandten. Menschen, die mit uns zeitgleich unterwegs sind; beim Einkauf, bei der Arbeit, beim Sport, in öffentlichen Verkehrsmitteln, an einer Ampel oder im Kino, Theater, Museen usw. Beim Herabsteigen vom Berg befragten die Jünger Jesus. Sie erwarteten eine klare Antwort auf die Frage: Wer bist du? Jeder Mensch stellt sich im Laufe des Lebens

selber diese Frage: Wer bin ich? Wer ist mein Mitmensch? Die Antwort ist wichtig, damit wir aus ihr Lebenskraft, Zuversicht, Hoffnung schöpfen. Wer bist du? Wer bin ich?
Im Umgang mit anderen erhält Leben einen Wert. Durch das „du" kann ich mich verstehen. Wohltuende Begegnungen bauen auf, ebenso können Begegnungen allerdings auch zerstören. Im Streit, in der Auseinandersetzung, im vernichtenden Umgang. Durch die Begegnung mit Jesus erkennen wir, wissen wir, wer wir sind: geliebte Kinder Gottes. Er selber gibt uns die Würde, die uns bei der Suche nach der Antwort auf das Geheimnis „Wer bist du? Wer bin ich?" lebensstiftend auf die Spur hilft.

Liedimpuls
„Es kommt ein Schiff geladen" (GL Nr. 236,1)

Gebet für den Tag
Herr, schenke mir die Gabe zu lieben. Den anderen und auch mich. Ich will mich bemühen, die, die mir auf meinem Weg begegnen, nicht zu verletzen. Denn wahrhaft lieben kann ich nur mit dir als mein „du". Du bist der Ursprung aller reinen Liebe. Durch dich kann ich wahrhaft Mensch sein.

12

3. Adventssonntag

Wo die Liebe wohnt, da wohnt Gott!
John Hugh McNaughton

Liturgische Lesungen vom Tag
Zef 3,14–17 / Phil 4,4–7 / Lk 3,10–18

Aus der Tageslesung

Juble, Tochter Zion! Jauchze, Israel! Freu dich und frohlocke von ganzem Herzen, Tochter Jerusalem! Der König Israels, der HERR, ist in deiner Mitte; du hast kein Unheil mehr zu fürchten. Der HERR, dein Gott, ist in deiner Mitte, ein Held, der Rettung bringt. Er freut sich und jubelt über dich, er schweigt in seiner Liebe, er jubelt über dich und frohlockt, wie man frohlockt an einem Festtag. Zef 3,14.15b.17

„Freut euch"

Der Prophet ruft dem Volk Israel: Jubelt! Jauchzt! Freut euch! Frohlockt!
Auch heute ist sein ermutigender Ruf von Bedeutung. Wem es gut geht, wird mit diesem Aufruf kein Problem haben und sich die guten Dinge in Erinnerung rufen. Die Genesung nach einer Krankheit, die Hochzeit, der Nachwuchs in der Familie ... Es gibt viele Gründe, dankbar zu sein und sich zu freuen. Doch

was ist mit den Menschen, denen es schlecht geht? Die Krankheit, die nicht heilt, der Tod eines nahestehenden Menschen, wirtschaftliche Probleme usw. Doch die ermutigenden Worte des Zefanja richten sich in besonderer Weise auch an jene, denen es nicht gut ergeht. Verliere nicht den Mut! Schau zurück, Gott hat dir immer wieder Gründe gegeben, sich zu freuen. Er wird das auch in Zukunft tun, auch wenn deine jetzige Situation dich traurig macht. Sei gewiss, Gott wird dich retten aus deiner Lage, denn er liebt dich und er will, dass auch du wieder froh wirst. Vertraue auf Gott, er wird dich immer wieder retten aus den Tiefschlägen deines Lebens. Er wird dir immer wieder Zeiten der Freude schenken. Gott ist und bleibt immer bei dir.

Liedimpuls
„Wie die Sonne sich erhebt“ (GL Nr. 227,3.4)

Gebet für den Tag
Gott, gib mir die Gelassenheit,
Dinge hinzunehmen, die ich nicht ändern kann,
den Mut, Dinge zu ändern, die ich ändern kann,
und die Weisheit, das eine vom anderen zu unterscheiden.

Nach Reinhold Niebuhr

13

Montag der 3. Adventwoche

Wenn auf der Erde die Liebe herrschte, wären alle Gesetze entbehrlich.
Aristoteles

Liturgische Lesungen vom Tag
Num 24,2–7.15–17a / Mt 21,23–27

Aus dem Tagesevangelium
Als Jesus in den Tempel ging und dort lehrte, kamen die Hohepriester und die Ältesten des Volkes zu ihm und fragten: In welcher Vollmacht tust du das und wer hat dir diese Vollmacht gegeben?
Jesus antwortete und sprach zu ihnen: Auch ich will euch eine Frage stellen. Wenn ihr mir darauf antwortet, dann werde ich euch sagen, in welcher Vollmacht ich das tue.
Darum antworteten sie Jesus: Wir wissen es nicht. Da erwiderte er: Dann sage auch ich euch nicht, in welcher Vollmacht ich das tue. Mt 21,23–24.27

Vollmacht Jesu

Das Geheimnis der Vollmacht Jesu liegt in seiner bedingungslosen Liebe. Jesus hat vor den Hohepriestern schnell durchschaut, dass sie auf die Frage nach seiner Vollmacht keine Antwort erwarten. Seine Reaktion ist herausfordernd. Jesus verfolgt das Ziel, dass die Männer sich im Nachdenken seiner Botschaft gegenüber zugänglich zeigen. Die Botschaft Jesu ist eine Botschaft der Liebe. Sie ist eine Kunde von Gott in seiner liebenden Beziehung zu uns Menschen. Wer liebt, dem öffnet sich die ganze Botschaft in ihrem unfassbaren Reichtum. Jesus ist mehr als nur ein großer Lehrer seiner Zeit, dessen Lehre die Zeiten überstehen. Im Kern geht es um Gemeinschaft mit Jesus, mit Gott Vater / Gott Mutter und den Menschen. In diesem Wechselspiel wird der Mensch durch Jesus zu sich selbst und zur beständigen Liebe gestärkt.

Liedimpuls

„Wachet auf, ruft uns die Stimme" (GL Nr. 554,1)

Gebet für den Tag

Lieber Gott, lass die Liebe der Motor sein, der mich antreibt. Lass die Liebe, die ich erhalte, und die Liebe, die ich anderen Menschen gebe, ein Spiegel deiner Barmherzigkeit sein.

14 Dienstag der 3. Adventwoche

Die Hoffnung ist es, die die Liebe nährt.
Ovid

Liturgische Lesungen vom Tag
Zef 3,1–2.9–13 / Mt 21,28–32

Aus dem Tagesevangelium
Da sagte Jesus zu ihnen: Amen, ich sage euch: Die Zöllner und die Dirnen gelangen eher in das Reich Gottes als ihr. Denn Johannes ist zu euch gekommen auf dem Weg der Gerechtigkeit und ihr habt ihm nicht geglaubt; aber die Zöllner und die Dirnen haben ihm geglaubt. Ihr habt es gesehen und doch habt ihr nicht bereut und ihm nicht geglaubt. Mt 21,31b–32

Jesus, meine Hoffnung

Grenzt Jesus die Zahl derer, die auf das Reich Gottes hoffen, ein oder erweitert er den Kreis um Zöllner und Dirnen? Jesus ist unterwegs, um den Mensch Heil zu bringen. Überall begegnen ihm Menschen, denen etwas zum Leben fehlt. Sei es Gesundheit, Zuwendung, menschliche Nähe. Im Berührtwerden kann der Mensch heil werden, kann Heilung in Gang gesetzt werden. Viele gehen auf das Angebot Jesu ein, in besonderer Weise die Menschen, die auch in unserer Gesellschaft eher am Rande zu finden sind. Menschen, die wenig Hoffnung in ihrem Sein sehen. Jesus wird im Evangelium sehr deutlich, wenn er sagt: „Die Zöllner und die Dirnen gelangen eher in das Reich Gottes als ihr." Wer lebendig hofft und auf Jesus vertraut, richtet sein Leben aus einer anderen Perspektive aus. In der persönlichen Beziehung zu Gott entsteht Freude im Hier und Jetzt und ist gleichzeitig auch wegweisend in das Morgen. Aus diesem Standpunkt, mit dieser Jesus-Erfahrung, wird Leben durch ein mitmenschliches Verhalten geprägt. Jesus ist die Hoffnung all derer, die suchen.

Liedimpuls

„Jauchzet, ihr Himmel" (GL Nr. 251,1.2)

Gebet für den Tag

Guter Gott, der Adventskranz gibt uns Hoffnung. Hoffnung auf die Ankunft deines Sohnes. Lass uns diese Hoffnung glaubhaft in die Welt tragen, denn unsere Hoffnung ist dein Licht für die Welt.

15

Mittwoch der 3. Adventwoche

Wir sind verlorener,
als wir zugeben wollen;
wir sind tiefer erlöst,
als wir zu hoffen wagen.
Søren Kierkegaard

Liturgische Lesungen vom Tag
Jes 45,6b–8,18.21b–25 / Lk 7,18b–23

Aus dem Tagesevangelium
Johannes der Täufer hat uns zu dir geschickt und lässt dich fragen: Bist du der, der kommen soll, oder müssen wir auf einen andern warten? Er antwortete ihnen: Geht und berichtet Johannes, was ihr gesehen und gehört habt: Blinde sehen wieder, Lahme gehen und Aussätzige werden rein; Taube hören, Tote stehen auf und Armen wird das Evangelium verkündet. Selig ist, wer an mir keinen Anstoß nimmt.
Lk 7,20b.22–23

Im Hier und Jetzt ist Erlösung

Die Anhänger des Johannes und die Anhänger Jesu hatten eine zentrale Frage zu klären. Wann kommt das Heil? Ist Gottes Gericht der Vorreiter für das Heil oder dem Heil nachgestellt; oder gibt es Zwischenzeiten? Johannes der Täufer und seine Jüngerschar mahnten, wie vielleicht andere Prediger auch, und verwiesen auf das Gericht Gottes. Sie forderten Umkehr, Buße, damit das Heil die Menschen erreicht. Jesus hat einen anderen Ansatz. Im Evangelium lesen wir es auch heute. Die Frage, wer Jesus sei, wird durch sein Handeln bestätigt. „Zu jener Stunde heilte Jesus viele Menschen ..." In jener Stunde meint im Hier und im Jetzt. Jesus verschiebt und vertröstet nicht auf eine Zeit danach. Im Hier und Jetzt wird das Heil, das Jesus bringt, Wirklichkeit. Jetzt kannst du das Heil Gottes erleben. Es kann keine Zeit geben, in der das Heil Gottes nicht gegenwärtig sein kann. Gott entzieht den Menschen nicht das Heil, sein Heilswille galt damals und gilt heute und solange es Menschen gibt. Das Heil ist in Jesus Christus immer Gegenwart.

Liedimpuls

„Wo bleibst du, Trost der ganzen Welt" (GL Nr. 231,4)

Gebet für den Tag

Guter Gott, schenke mir ein offenes Herz und offene Augen, damit ich in jedem Moment meines Lebens dein Heil erkennen und bezeugen lerne.

16 Donnerstag der 3. Adventwoche

Liebe, Glück und Freiheit
sind die wahren Schätze des Lebens.
Brigitte Goßmann

Liturgische Lesungen vom Tag
Jes 54,1–10 / Lk 7,24–30

Aus dem Tagesevangelium
Jesus begann, zu der Menge über Johannes zu reden: Was habt ihr denn sehen wollen, als ihr in die Wüste hinausgegangen seid? Ein Schilfrohr, das im Wind schwankt? Einen Mann in feiner Kleidung? Siehe, Leute, die sich prächtig kleiden und üppig leben, findet man in den Palästen der Könige. Oder wozu seid ihr hinausgegangen? Um einen Propheten zu sehen? Ja, ich sage euch: Sogar mehr als einen Propheten.
Lk 7,24b.25b–26

Wozu seid ihr hinausgegangen?

Da machen sich Menschen auf den Weg. Sie gehen hinaus in die Welt und schauen sich um. Doch Jesus macht ihnen klar, dass sie mit ihrer Erwartungshaltung, ihrer Vorstellung von Leben und wie die Welt zu sein hat, scheitern. Nichts ist so, wie sie glauben, dass es sein soll. Keine Wasserpflanzen (Schilfrohr) mitten in der Wüste. Keine üppigen, kostbaren Kleider wie in den Palästen. Warum sind sie hinausgegangen, um den Propheten zu finden? Jesus fragt: Wen und was habt ihr gefunden? Den Jesu-Wegbereiter Johannes. „Doch der Kleinste im Reich Gottes ist größer als er", erklärt Jesus eindrücklich. Ja, es geht um den Platz hinter dem Platz. Wer ihm folgt, wird nicht der Größte sein, aber er wird Anteil haben am Reich Gottes. Keine materiellen Güter und Ansehen in der Öffentlichkeit stehen im Mittelpunkt, sondern die Leben spendenden Reichtümer Glück, Freiheit, Liebe. Dieser Reichtum ist nicht wegnehmbar. Ein ewiger Schatz unangetastet von den Launen der Welt um uns herum. Gott hat durch Jesus, vorbereitet durch Johannes, ein klares JA zu uns gesagt. Es geht um das Heil, mit dem auch wir wirken dürfen gegen das Unheil in der Welt.

Liedimpuls

„Menschen, die ihr wart verloren" (GL Nr. 245,1)

Gebet für den Tag

Schenke mir, Herr, ein Gefühl für das unaussprechliche Heil, das du uns verleihst. Denn im Wahrnehmen und Verschenken deiner Liebe können auch wir Heil bringen in die unheile Welt.

17

17. Dezember

*Wer seine Wurzeln nicht kennt,
kennt keinen Halt.*

Stefan Zweig

Liturgische Lesungen vom Tag
Gen 49,1a.2.8–10 / Mt 1,1–17

Aus dem Tagesevangelium
Buch des Ursprungs Jesu Christi, des Sohnes Davids, des Sohnes Abrahams. Im Ganzen sind es also von Abraham bis David vierzehn Generationen, von David bis zur Babylonischen Gefangenschaft vierzehn Generationen und von der Babylonischen Gefangenschaft bis zu Christus vierzehn Generationen.
Mt 1,1.17

Irritierender Stammbaum

Der Stammbaum Jesu passt zum Advent und ist alles andere als langweilig. Dieser Stammbaum, mit dem das Matthäusevangelium „eröffnet" wird, geht zurück über König David bis zu Abraham, dem Stammvater des jüdischen Volkes. Zahlen haben in der Bibel immer tiefere Bedeutungen: 3 ist z. B. die Zahl der Vollkommenheit. Jesus ist ganz verwurzelt und beheimatet in diesem Volk. In ihm erfüllen sich

die Verheißungen des Retters in Jesaja und den anderen Propheten. Jesus ist nicht einfach vom Himmel gefallen, obwohl er von Gott gekommen ist; Gott hat ihn in diese Geschichte Israels hineingepflanzt.
Im Stammbaum Jesu tauchen Gestalten auf, die nicht sehr makellos (z. B. Ehebrecher David) waren. Sie stehen außerhalb der normalen Lebensabläufe. Warum werden gerade sie genannt? Vielleicht weil sie wache und leidenschaftliche und suchende Menschen sind? Das scheint Gott wichtig zu sein. Aber auch, weil sie tatsächlich dazugehören. Sie werden nicht verleugnet, obwohl sie teilweise so anstößig sind. Gott schert sich nicht um unsere Klassifizierungen. Und Jesus nimmt diese Spur auf, erklärt sie zum Weg für uns. Gott ist und bleibt für uns Menschen überraschend, oft irritierend, weil er umwälzende Liebe ist.

Liedimpuls

„Herr, send herab uns deinen Sohn" (GL Nr. 222,1.6)

Gebet für den Tag

Guter Gott, das Band der Familie ist das erste, stärkste und wichtigste Band, dass du uns geschenkt hast. Unser Stammbaum gehört zu mir und hat mich auch geprägt. Ich danke dir für meine Familie und die Erfahrungen, die ich hier machen konnte.

18

18. Dezember

Weiß ich den Weg auch nicht,
du weißt ihn wohl;
das macht die Seele still und friedvoll.
Hedwig von Redern

Liturgische Lesungen vom Tag
Jer 23,5–8 / Mt 1,18–24

Aus dem Tagesevangelium
Dies alles ist geschehen, damit sich erfüllte, was der Herr durch den Propheten gesagt hat: Siehe: Die Jungfrau wird empfangen und einen Sohn gebären und sie werden ihm den Namen Immanuel geben, das heißt übersetzt: Gott mit uns. Mt 1,22–23

Josef

Josef ist ein kaum erwähnter Mann. Es wird wenig über ihn gesagt, sodass man sich kaum ein Bild von ihm machen kann. Josef lässt sich auf das ein, was der Engel sagt. Er nimmt seine schwangere Maria zur Frau. Gerade in dem Punkt können wir m. E. noch heute von Josef lernen und uns ansprechen lassen. Auch wir haben manche Sorgen und Alltagslasten zu tragen. Vielleicht ist manches durch die Pandemie eher in den Hintergrund gerückt. Aber sie gehören

zum Leben dazu. Gott erspart uns das nicht. Aber Gott sagt: Du bist in all dem nicht allein! Ich bin bei dir, für dich da! Ja, ich befreie dich von dem, was für dich zu schwer ist, von dem, was an Schuld da ist! Das ist die befreiende Botschaft, die ihren Anfang in der Geburt Jesu nimmt! Das ist der Grund unserer Hoffnung, die uns mit Freude erfüllen darf.
Christus ist das Licht in unserer Dunkelheit. Die vielen Lichter heute, die in der Adventszeit leuchten, weisen uns darauf hin. So wie Gott durch einen Engel Josef im Traum begegnete, so begegnet Gott uns auch heute. Mit den Worten des Engels: „Josef, Sohn Davids, fürchte dich nicht, Maria als deine Frau zu dir zu nehmen; denn das Kind, das sie erwartet, ist vom Heiligen Geist."

Liedimpuls

„O wohl dem Land" (GL Nr. 218,3)

Gebet für den Tag

Vater, danke, dass du uns einlädst, in deiner Liebe geborgen und verwurzelt zu sein. Du kennst uns und unsere Lebensgeschichte. Du kennst alles, was uns geprägt hat, auch alles, was wir aus unserer Geschichte bisher verleugnen. Jesus hat nichts verleugnet. Lass uns dankbar von unserer eigenen Geschichte lernen.

19 4. Adventssonntag

Ein jedes Wesen, das seine eigene Vollendung erstrebt, strebt nach Gottähnlichkeit.

Thomas von Aquin

Liturgische Lesungen vom Tag
Mi 5,1–4a / Hebr 10,5–10 / Lk 1,39–45

Aus der Tageslesung
Aber du, Betlehem-Efrata, bist zwar klein unter den Sippen Judas, aus dir wird mir einer hervorgehen, der über Israel herrschen soll. Seine Ursprünge liegen in ferner Vorzeit, in längst vergangenen Tagen. Darum gibt er sie preis, bis zu der Zeit, da die Gebärende geboren hat. Sie werden in Sicherheit wohnen; denn nun wird er groß sein bis an die Grenzen der Erde. Und er wird der Friede sein. Mi 5,1–2a.3b–4a

Kleine Dinge ganz groß

Manchmal fangen große, bedeutsame Dinge ganz klein an. Gott sei Dank! Und davon erzählt der Prophet Micha, der uns aus heutiger Sicht auf Weihnachten vorbereitet. „Aber du, Betlehem-Efrata, bist zwar klein unter den Sippen Judas, aus dir wird mir einer hervorgehen, der über Israel herrschen soll." So wird

Jahrhunderte nach Micha in diesem Ort nahe bei Jerusalem ein Kind in einer Krippe geboren. Ein König, ein Herrscher – aber einer der ganz besonderen Art. Gott sei Dank.
Manchmal werden kleine Dinge groß. Deshalb ist die Weihnachtsgeschichte eine Aufforderung, eine Einladung an alle Müden und Matten, alle Enttäuschten, Desillusionierten und ansonsten überforderte Menschen (wie uns), den Ort Betlehem zu entdecken, ohne mit dem übergroßen Geschehen überfordert zu werden. Hier geht es nicht um einen flüchtigen Ruhm der Welt, sondern um die Herrlichkeit Gottes. Schaut nur, wie Gottes Herrlichkeit hineinwirkt in die Welt! Winzig und klein ist das Kind und verheißt der Welt den Frieden. Manchmal wird aus einem Funken Liebe ein heller, lichter Schein, der die Welt erhellt.

Liedimpuls

„Maria durch ein Dornwald ging" (GL Nr. 224,2)

Gebet für den Tag

Lehre uns, unvoreingenommen aufeinander zuzugehen. Lass uns aufmerksam im Mitdenken, Mitfühlen und Teilen sein und im kleinen Unscheinbaren die Hoffnung der Welt erkennen. Lehre uns, behutsam, aufrichtig, verständnisvoll in jeder Begegnung deine Spuren zu finden.

20

20. Dezember

*Jeder Mensch ist eine Melodie.
Lieben heißt: sie innehaben.
Ich bin für dich,
du bist für mich ein Lied.*

Franz Werfel

Liturgische Lesungen vom Tag
Jes 7,10-14 / Lk 1,26-38

Aus der Tageslesung
Der HERR sprach weiter zu Ahas und sagte: Erbitte dir ein Zeichen vom HERRN, deinem Gott, tief zur Unterwelt oder hoch nach oben hin!
Darum wird der Herr selbst euch ein Zeichen geben: Siehe, die Jungfrau hat empfangen, sie gebiert einen Sohn und wird ihm den Namen Immanuel geben.
Jes 7,10–11.14

Gott mit uns

„Gott mit uns“ ist eine Übersetzung des Namens Immanuel. Seit Gott in Jesus Mensch wurde, dürfen wir sicher sein und darauf vertrauen, dass Gott ein Gott mit uns, ein Immanuel ist.
Daran werden auch Josef und Maria als fromme Juden gedacht haben. Gerade als sie nach Betlehem

kamen, denn sie kannten aus den jüdischen Schriften diese berühmten Worte des Propheten Jesaja. Gott wird mit uns sein, wenn wir dem Elend der Menschen nicht ausweichen. Gott wird mit uns sein, wenn wir als Christen voller Glauben und Mut alle Formen der Ausgrenzung unterbinden und nicht im adventlichen Wohlfühlzimmer verharren und erstarren.
Immanuel, Gott mit uns, das ist die Botschaft, auf die wir uns während der Adventszeit neu vorbereiten. Weil Gott Mensch wurde, weil Gott mit uns ist, weil er unter uns ist, weil er uns liebt. Nichts muss uns fürchten, darum können und dürfen wir gegen das Unrecht und für Gerechtigkeit in der Welt eintreten und argumentieren. Dazu ermutigt uns der Prophet Jesaja.

Liedimpuls
„Da haben die Dornen Rosen getragen" (GL Nr. 224,3)

Gebet für den Tag
Guter Gott, wir danken dir für deine Treue, die über Generationen reicht. Wir danken dir, dass der Glaube an dich zu uns gekommen ist durch Jesus, den Sohn einer jüdischen Frau. Wir bitten dich für alle Menschen, die an dich glauben und ihr Vertrauen auf dich setzen. Wir bitten dich: Lass den Glauben lebendig bleiben in unserer Welt.

21

21. Dezember

*Der Herr weiß besser, was er tut,
als wir wissen, was wir wollen.*
Teresa von Ávila

Liturgische Lesungen vom Tag
Hld 2,8–14 od. Zef 3,14–17 / Lk 1,39–45

Aus dem Tagesevangelium
In diesen Tagen machte sich Maria auf den Weg und eilte in eine Stadt im Bergland von Judäa. Sie ging in das Haus des Zacharias und begrüßte Elisabet.
Denn siehe, in dem Augenblick, als ich deinen Gruß hörte, hüpfte das Kind vor Freude in meinem Leib. Und selig, die geglaubt hat, dass sich erfüllt, was der Herr ihr sagen ließ. Lk 1,39–40.44–45

Lernendes Herz für Gott

Maria macht sich auf den Weg zu Elisabet. Durch die Begegnung mit ihr wird Marias Herz für Gott bestätigt. Sie beginnt mit ihrer Gotteserfahrung und Gottesbegegnung zu leben. Tief im und unter ihrem Herzen spürt sie das wahre von Gott geschenkte Leben, das sie alles Drumherum ertragen lässt. Wenn wir die politisch/gesellschaftliche Situation in der Zeit der jungen Maria betrachten, erkennen wir, welchen wert-

losen, niedrigen Stellenwert die Schwachen, Kranken, Kleinen hatten.
Mit ihrer inneren Haltung lernt sie im Laufe der Zeit ein atypisches Denken; niedrig statt selbstherrlich; abhängig von Gott statt von den Machenschaften der Politik; gehorsam, weil sie mit Gott gemeinsam ihr Leben in die Hand nimmt; selbstbewusst dienend statt Selbstverwirklichung auf Kosten anderer. Maria erkennt in ihrem Weltbild Gott als den, der mächtiger ist als alle politischen und gesellschaftlichen Größen und letztlich dauerhaft für Gerechtigkeit sorgen wird.

Liedimpuls

„Wir sagen euch an den lieben Advent“ (GL Nr. 223,4)

Gebet für den Tag

Gegrüßet seist du, Maria, voll der Gnade,
der Herr ist mit dir.
Du bist gebenedeit unter den Frauen,
und gebenedeit ist die Frucht deines Leibes, Jesus.
Heilige Maria, Mutter Gottes,
bitte für uns Sünder,
jetzt und in der Stunde unseres Todes.

22

22. Dezember

Es ist etwas sehr Großes, ein freies Herz und ein ruhiges Gewissen zu haben.
Teresa von Ávila

Liturgische Lesungen vom Tag

Sam 1,24–28 / Lk 1,46–56

Aus dem Tagesevangelium

Da sagte Maria: Meine Seele preist die Größe des Herrn und mein Geist jubelt über Gott, meinen Retter. Denn der Mächtige hat Großes an mir getan und sein Name ist heilig. Er vollbringt mit seinem Arm machtvolle Taten: Er zerstreut, die im Herzen voll Hochmut sind; er stürzt die Mächtigen vom Thron und erhöht die Niedrigen. Die Hungernden beschenkt er mit seinen Gaben. Lk 1,46–47.49.51–53b

Trägerin der göttlichen Möglichkeit

In Marias Ja zur Schwangerschaft entwickelte sich in ihrem Herzen eine Melodie. Sie schwingt in ihr und sie wird sich zum Lied entwickeln gegen jede Art von Ungerechtigkeit, Unterdrückung, Ausbeutung. Sie singt laut, die junge Maria, weil Gott ihr Herz und ihre Kehle stärkt, weil Gott Leben in sie eingepflanzt hat. „Er zerstreut, die im Herzen voll Hochmut sind;

er stürzt die Mächtigen vom Thron und erhöht die Niedrigen." Selbstbewusst spürt sie die Würde, die Gott ihr verliehen hat und die sie annehmen konnte, weil ihr Vertrauen grenzenlos war. Kein Oben oder Unten, keine Schranke, keine Grenze. Nicht Himmel und Erde, sondern gehimmelte Erde. Gott, der Herr, macht sich klein. Hochmut und mächtige Thronbesetzer können ihn nicht daran hindern. Gott lässt eine jüdische junge Frau zur Trägerin der göttlichen Möglichkeit werden. Er begibt sich in die unheilvolle Welt, damit sie lernen mag, göttliches Heil anzunehmen.

Liedimpuls

„Macht hoch die Tür" (GL Nr. 218,4.5)

Gebet für den Tag

Mit Maria bitten wir dich, guter, sorgender Gott, um Gerechtigkeit für alle Menschen, deren Leben geprägt ist von Not, sei es durch Krankheit, Handicap oder wirtschaftlich. Stehe allen bei, die deine Hilfe brauchen.

23

23. Dezember

Das Wunder ist des Glaubens liebstes Kind.

Johann Wolfgang von Goethe

Liturgische Lesungen vom Tag

Mal 3,1–4.23–24 / Lk 1,57–66

Aus dem Tagesevangelium

Seine Mutter aber widersprach und sagte: Nein, sondern er soll Johannes heißen. Er verlangte ein Schreibtäfelchen und schrieb darauf: Johannes ist sein Name. Und alle ihre Nachbarn gerieten in Furcht und man sprach von all diesen Dingen im ganzen Bergland von Judäa. Alle, die davon hörten, nahmen es sich zu Herzen und sagten: Was wird wohl aus diesem Kind werden? Denn die Hand des Herrn war mit ihm. Lk 1,60.63a.65–66

Geheimnisvolles Wirken Gottes

Das geheimnisvolle unerwartet positive Wirken Gottes in die Lebensgeschichte der Menschen hinein verwundert uns über alle Generationen hinweg. Schon im AT begegnen uns viele solcher Geschichten, die Gott mit Menschen geschrieben hat. Aus dem NT wissen wir, dass auch das Leben des Johannes von

Beginn an außergewöhnlich ist: In einer Engelerscheinung wird seine Geburt angekündigt, seinem Vater verschlägt es die Sprache. Selbst die Namensgebung sprengt den Rahmen des Üblichen, denn der Stammhalter sollte nicht den Namen des Zacharias tragen und wird zum Zeugnis für das Wirken Gottes. Das Kind soll schon in seinem Namen das besondere Handeln Gottes ankündigen: Johannes – „Jahwe ist gnädig". Schon vor seiner ersten Predigt weist Johannes (der Täufer) auf Christus hin. Verständlich, dass die Leute sich Gedanken machen, was aus diesem Kind noch werden wird. Getratsche und Geschwätz und dennoch merken die sich Wundernden, dass die Hand Gottes im Spiel ist. Heute könnte solch ein Gefühl für das „Gott hat die Hand im Spiel" seltener wahrgenommen werden. Doch Gott wirkt auch in, mit und an uns, wenn wir dazu bereit sind.

Liedimpuls

„Gelobt seist du, Herr Jesu Christ" (GL Nr. 252)

Gebet für den Tag

Gott, stärke, was in mir wachsen will, schütze, was mich lebendig macht, behüte, was ich weitertrage, bewahre, was ich freigebe, und segne mich, wenn ich aufbreche zu dir. Heidi Rosenstock

24

24. Dezember

Wünsche, die im Herzen geboren werden, wandeln sich in Sterne.

Brigitte Goßmann

Liturgische Lesungen vom Tag
2 Sam 7,1–5.8b–12.14a.16 / Lk 1,67–79

Aus dem Tagesevangelium
Und du, Kind, wirst Prophet des Höchsten heißen; denn du wirst dem Herrn vorangehen und ihm den Weg bereiten. Du wirst sein Volk mit der Erfahrung des Heils beschenken in der Vergebung seiner Sünden. Durch die barmherzige Liebe unseres Gottes wird uns besuchen das aufstrahlende Licht aus der Höhe, um allen zu leuchten. Lk 1,76–79a

Schwanger gehen

Zacharias ist nach seiner Begegnung mit dem Engel und mit dem Anspruch Gottes an ihn neun Monate schwanger gegangen. In der Adventszeit gehen wir bewusst mit Gottes Anspruch an uns auch schwanger. Wir hören auf seine Ankündigung: „Mache dich auf! Siehe, dein König kommt zu dir!" – als Kind im Stall von Betlehem, als noch sprachloses Kind und doch im lebendigen Wort Gottes in unserem Herzen. Auf das auch wir „schwanger gehen"; auf Weihnachten zugehen, um das Lob auf unseren Gott, wie einst Zacharias, zu singen. Gott, der damals gewirkt hat, wie es schon die Propheten viele Hundert Jahre vorher verheißen haben, und der auch heute immer noch wirkt und immer noch spricht – auch zu uns. Der Engel hatte Maria gesagt, dass ihr Kind „Sohn des Höchsten" genannt werde. Johannes soll der „Prophet des Höchsten" sein, Prophet und Wegbereiter. Johannes benennt die Sünde, all das, was die Menschen von Gott entfernt. Und er zeigt ihnen und uns den Weg zurück zu Gott, indem er auf Jesus weist, dem Licht der Welt, dem Morgenstern, von dem Jesaja sagt: „Steh auf, werde licht" (Jes 60,1a).

Liedimpuls
„Vom Himmel hoch, da komm ich her" (GL Nr. 237)

Gebet für den Tag
Guter Gott, jeder hat mit seinen Brüchen und Verletzungen einen Platz bei dir. Jeder Riss, jede Wunde, jede Narbe wird zum Einfallstor für dein göttliches Licht. Lass uns licht werden, um die Welt durch dich und mit dir zu erhellen.

25

Weihnachten, Geburt des Herrn

Die Heilige Nacht erinnert uns daran, dass in der Zuversicht auf die Weihnachtsbotschaft unser Leben gelingt.
Brigitte Goßmann

Liturgische Lesungen vom Tag

in der Nacht Jes 9,1–6 / Tit 2,11–14 / Lk 2,1–14;
am Morgen: Jes 62,11–12 / Tit 3,4–7 / Lk 2,15–20;
am Tag: Jes 52,7–10 / Hebr 1,1–6 / Joh 1,1–18

Aus dem Tagesevangelium

Und das Licht leuchtet in der Finsternis und die Finsternis hat es nicht erfasst. Er war in der Welt und die Welt ist durch ihn geworden, aber die Welt erkannte ihn nicht. Er kam in sein Eigentum, aber die Seinen nahmen ihn nicht auf. Allen aber, die ihn aufnahmen, gab er Macht, Kinder Gottes zu werden, allen, die an seinen Namen glauben. Joh 1,5.10–12

Die Nacht ist vorbei.

Der Stern über dem Stall, die Engel mit der Friedensbotschaft, die Hirten, Maria, Josef und das Kind in der Krippe, all das haben wir gefeiert. Wir haben uns hineinnehmen lassen in das Geheimnis dieser Nacht: Gott ist Mensch geworden. Wie kann es sein, dass die

Welt ihn nicht erkennt? Da, wo das Herrschen regiert, statt ein Miteinander zu leben. Da, wo wir bestimmte Vorstellungen haben von Gott, da, wo Aufmerksamkeit für den anderen fehlt, wo Unverhofftes und Unerwartetes nicht sein darf. Die Welt erkennt ihn nicht, weil sie nicht damit rechnet, dass er so kommt, wie er gekommen ist. In der Nacht haben wir gefeiert, dass Gott in einem Stall bei den Armen zur Welt kommt. Heute am Tag feiern wir, dass er in jedem Menschen zur Welt kommt, der sich ihm und seinem Licht öffnet. Der Evangelist Johannes zeigt uns, wie unkompliziert es ist, sich auf diesen Gott einzulassen. Ohne Vorbedingungen, es genügt, ihn aufzunehmen und zu glauben, dass mit diesem Kind Gott zu uns gekommen ist.

Liedimpuls

„Zu Betlehem geboren" (GL Nr. 239)

Gebet für den Tag

Guter Gott, lass uns Licht in die Dunkelheit bringen, lass es leuchten, wo Menschen die Orientierung verloren haben, lass es aufleuchten, wo Trauer und Trostlosigkeit herrschen, lass es erhellen jeden Weg, den wir gehen, lass es neu aufflackern, wo Hoffnung eine Zukunft hat.

26

2. Weihnachtstag, Hl. Familie

Der unstillbaren Gotteshunger
ist die Ursehnsucht des Menschen
nach seinem Schöpfer.

Brigitte Goßmann

Liturgische Lesungen vom Tag

Sir 3,2–6.12–14 od. Sam 1,20–22.24–28 / Kol 3,12–21 od. 1 Joh 3,1–2.21–24/Lk 2,41–52

Aus dem Tagesevangelium

Als sie ihn nicht fanden, kehrten sie nach Jerusalem zurück und suchten nach ihm. Da geschah es, nach drei Tagen fanden sie ihn im Tempel; er saß mitten unter den Lehrern, hörte ihnen zu und stellte Fragen. Alle, die ihn hörten, waren erstaunt über sein Verständnis und über seine Antworten. Lk 2,45–47

Unstillbarer Gotteshunger

Der Ort, an dem Jesus war, war keiner, an dem ein Zwölfjähriger sich normalerweise aufhielt. Mit dreizehn Jahren liest ein jüdischer Junge zum ersten Mal aus der Tora, dem Alten Testament, im Synagogengottesdienst vor und ist ab dann Vollmitglied. Das Fest seiner Bar-Mizwa lag also noch vor Jesus. Dennoch sitzt er mitten im Kreis der Gesetzeslehrer, hört ihnen zu und stellt sogar, und auch das ist nicht üblich, Fragen. Mehr noch: „Alle, die ihn hörten, waren erstaunt über sein Verständnis." Lukas wirft ein eindrückliches Schlaglicht auf den jungen Jesus, der gerade noch ein Kind ist, der kurz davor ist, als Jugendlicher zum Erwachsenen heranzureifen. Die Grenze zwischen den Lebensabschnitten ist klar gezogen.

Im heiligen Tempel, dem Ort, den Juden als Verbindung zwischen Himmel und Erde glauben, reift Jesus vor den Augen der Gelehrten heran. Wie durch ein Brennglas öffnet Lukas hier ein Fenster in die Zukunft Jesu, Gottes Sohn, wenn er ihn im Tempel mit den Experten über Gott sprechen lässt und ihn dies so sehr gefangen genommen hat, dass er seine Eltern vergisst.

Dort, im heiligen Tempel, ganz nahe bei Gott, war Jesus zu Hause. Dort konnte er seinen „Gotteshunger" der Welt zeigen und vorleben. Lebendig sein vor, mit und für Gott, das ist unser christlicher Auftrag.

Liedimpuls

„Tochter Zion" (GL Nr. 228,2.3)

Gebet für den Tag

Hilf uns,
lebendige Vorbilder des Glaubens,
der Liebe und deiner Wirklichkeit zu sein.

Quellenverzeichnis

Bibelzitate:
Einheitsübersetzung der Heiligen Schrift

Der Verlag hat sich bemüht, alle Inhaber von Rechten in Erfahrung zu bringen. Für zusätzliche Hinweise sind wir dankbar.

Bildnachweis
Cover: © stock.adobe.com/pilat666
Vignetten: © BullsStock/shutterstock.com.